TU AUTORRETRATO

Jorge Masa López

COLECCIÓN ITES

TU AUTORRETRATO

© Jorge Masa López
© de esta edición: Olé Libros, 2025

ISBN: 979-13-87951-11-5
Depósito legal: V-3763-2025
Impreso en España

KALOSINI, S. L.
Grupo editorial olélibros
equipo@olelibros.com
www.olelibros.com

Y por fin, por fin,
ni goce ni pena,
ni cielo ni tierra,
ni arriba ni abajo,
ni vida ni muerte, nada
sólo el amor, sólo amando.

PEDRO SALINAS

NOTA DEL AUTOR

«En cada vida se encuentran todas aquellas que han existido».

Como una historia cíclica que siempre se repite. Es difícilmente perceptible en el momento presente, aunque al dar unos pasos para atrás se vuelva la tendencia evidente.

Como un cuadro que no se descifra de cerca.

Como tu autorretrato.

En un mundo saturado de estímulos y ruido, aislarse se vuelve un reto. Y mientras tanto, los demonios internos se aprovechan y campan a sus anchas por mentes abrumadas.

De pronto, un golpe inesperado destapa estos oídos sordos al silencio. Se maldicen los infortunios, buscando respuestas entre la espada y la pared.

Infimum. En matemáticas, el mayor límite inferior de un conjunto. El punto más bajo al que se puede llegar, pero también el inicio de volver a crecer.

Suerte que la naturaleza perdura como deidad, moldeando el dolor en virtud, derribando murallas inquebrantables como las del (des)amor, el arrepentimiento o la muerte.

Como la caja de Pandora, que estos poemas sean guía, orientación y esperanza en este sendero vacío y solitario.

Hasta que el brillo del horizonte incierto anuncie el nuevo amanecer.

EL ORIGEN

El paisaje hierático embellece
la monótona carretera,
que inevitablemente desembocará
en un precipicio oculto a nuestros sentidos.

La potestad tomando decisiones
nos sitúa en un egocentrismo platónico,
como esa piedra libérrima
que dibuja su trayectoria
con la misma autoridad
con la que afrontamos nuestra propia existencia.

Fluye, influye y vibra con el cambio,
tanto el nuestro como el de la naturaleza,
pues la causa primera es así de sabia,
aunque nos requiera coraje y entereza.

CORAJE

Percibo la humedad que desprendes,
asfixiándome hasta que se cuela
en mis sueños,
en mi tierna soledad.

Recorro todos los rincones de mi mente,
buscando comprender esta atracción
que mi arrogante mente aprovecha
para disfrutar de tu presencia.

Oscura la cárcel de mis miedos,
libero los cabos amarrados.
Navega con viento a favor
mi barca que olvida el pasado.

Me comerás con tus ojos,
robaré nuestro primer beso.
La simplicidad del amor
con tu dulce sonrisa.

ASTROS

Ella,
refleja mi amor sin quererlo,
lúcida por fuera y oscura por dentro,
diáfana en sus sentimientos.

Ella,
hiriéndome con mi propia acción,
analizo su rigidez y simetría,
mientras una profunda lejanía
resquebraja mi sensible corazón.

Ella,
esa fuerza atrayente,
imperceptible para ningún creyente,
abandona mis ganas de olvidarte.

Yo,
afortunado de ser persona,
alzo la mirada
y sonrío,
ya que al llegar tu máximo esplendor
siento que sí me quisiste.

El lugar más bello del mundo

Apareciste taciturna,
te esperaba.
«No pasa el tiempo por ti»,
me abrumabas.
Sentí tu belleza nocturna.

Recorrí tu piel,
de la cabeza a los pies.
Perdido en tu laberinto,
persiguiendo al instinto.

Ilustres edificados
cuanto menos diabólicos.
El helor antológico
con tu sonrisa paradójica.

Respiro aires de libertad,
en cada vena nuevas historias,
todas ellas sucesorias
del origen de la humanidad.
Caminando por tus secretos
palpitan mis palabras perdidas.
Atentas escuchan tus cuentos
en busca de la salida.

Sueño en la distancia,
mas no descanso profundo.
Volverá siempre mi añoranza
al lugar más bello del mundo.

ENAMORADO

Una noche fría de invierno
salió la luna a escuchar tus cuentos.
Al oírlos me interesé por ellos,
y abriste la puerta a conocernos.

Recuerdo el brillo de tus ojos,
el contorno de las curvas en tu piel.
Aunque fueron tus palabras
las que encendieron la llama de mi ser.

Me diste tu confianza,
se unieron nuestras manos,
y te lo agradecí abandonando
la soledad de tus labios.

Días después llegó la tormenta,
llovían palabras formando poemas,
me encontré perdido en las tinieblas
del laberinto levantado por tus ideas.

La última mirada me fundió,
partiendo la unión cosechada.
Se hundía mi barca de hielo
sabiendo el dolor que esperaba.

Obsesionado con el tiempo,
la distancia y tus versos,
pasaron los meses
sin cesar un momento.

Hay veces que te añoro,
otras te deseo,
muchas que ni quiero
saber lo que me pierdo.

Siento mi silencio,
solo respetaba tus pasos,
tus ocultos sentimientos.

Infiel

La lealtad pende de un hilo
fino y endeble,
sujeto y anclado
por dos manzanas rojas
cuyo bocado
gotea el jugo del olimpo.

Estas, a su vez,
se apoyan en la voluntad,
pilar cuyo grosor y firmeza
cimentan el tórax gélido
donde se refugia el corazón.

Quien rompe su hilo
desencadena
el eco del silencio.

Desde fuera no se escuchan
sus gritos desesperados
en esta guerra interna.

Ya solo queda el trago
envenenado
en la saliva del culpable.

Es otra mañana fría de otoño,
esparces a patadas
las hojas del camino.
Andas cabizbaja y vulnerable,
a solas aceptas este triste destino.

Insomnio

El ansia se apodera de la escena,
mientras la espera se hace eterna
y no se cruza la suerte con mi pena.

Bailan las tinieblas ante unos ojos
en busca de respuestas,
mientras palpitan dolidos pedazos
rotos de un corazón
ciego de certezas.

Va menguando solitaria la cama
ante el sofoco intenso de la llama,
que carcome mi último refugio:
los sueños, bendito subterfugio,
invadido por tu constante presencia,
mitigando el dolor de tu ausencia.

Proliferan los consejos superfluos
por el desconocimiento profundo.
Perdidos mis problemas vacuos
sin tu tacto en este mundo.

El tiempo, se pausa,
segundo a segundo.
Vibran las manijas,
lentas, dando tumbos.

Los sentidos se embotan
y pierdo la noción real.
Van muriendo estos versos
con mi amargo despertar.

EL LLANTO

Dentro de mis ojos
el mundo es inmenso,
y los pasos, cortitos,
hacen pequeño al tiempo.

Día y noche entrelazados,
no siguen patrón común.
Pestañea en el pasado
en busca de la virtud.

El lugar, sensible,
impide cualquier rescate.
El tiempo, errante,
traza lo invisible.

La noche amanece
con distinto canto.
Dura es la verdad,
pero más fuerte es el llanto.

INCOMPRENDIDO

La incomprensión invade
como agua de mayo,
incapaz de entender
el brote que inspira mi ser.

Las palabras abandonan el mar
de infinitas posibilidades,
y emergen bullendo de un manantial,
adaptándose a mi corriente neuronal.

El sol que propulsa
mi fuente de energía
no se debe a un milagro celeste,
sino a tu sencillez en el trato:

cálido,
aislando cada punta insegura,
curvando
el áspero trato recibido en el pasado.

Y mientras tanto tus palabras desprenden
el aroma encantado,
que persigue, obstinado,
las huellas que dejo a mi paso.

Como todo sueño terrenal,
sigo encerrado en el castigo real,
rezando por volver a creerte.

PAPEL ARRUGADO

Soledad andante entre mis pasos,
viento errante contra el pecho,
papel arrugado en mano,
tacto de cualquier desecho.

Grietas surgidas con el tiempo,
hielo fundido entre tus versos,
fuego arrastrado al lamento,
oro moldeado a tus besos.

Llora desconsolada
mi tinta ardiente,
destiñendo las palabras grabadas.

Fuerza omnipotente,
quedas abandonada
en tu eterno presente.

FIESTA

El agua gotea sobre el suelo,
finos polvos dispersos en el hielo,
lenta sube la angustia por su cuello,
sudores en la yema de los dedos.

Vacía evasión de la verdad,
luz radiante de eterna soledad.
Raíces marchitadas con su ocaso
le arrastran a la estela del fracaso.

La música retumba lejos, cruda,
susurra protegido en su burbuja,
perdido en el limbo de la duda.

Estalló la brida asida,
el llanto pasado, la rabia sostenida.
El eco rebotado en la caída.

Suicidio

Esa inconsciencia de la mente
vertiendo los sueños por la borda
deja estupefactos a los conscientes,
aquellos que le trataron con honra.

Cruel y lúgubre este final
para todos sus seres queridos,
quienes se preguntan sin parar,
los remedios en el olvido.

Llora sin alivio su mujer,
que confiaba en su emoción.
Ya ni el tiempo puede tejer
su destrozado corazón.

Hirviendo me corroe la sangre,
impregnada de una rabia atroz.
Sobre la cúpula le despido,
donde caímos perdiendo su voz.

La barra

Desmoronados los cimientos,
acudes a la barra.

Ignoras el barullo cercano,
solo y ahogado en penas,
como ese grano de arena
pisoteado por la mar.

La cara compasiva del camarero
te genera miedo y horror.
Buscas evadirte centrando el foco
en la gélida copa,
cuyo reflejo dibuja un rostro
casi desconocido.

Los hechos golpean tu mente,
como una bola de billar
rodando en una mesa rajada
sin parar de rebotar.

Aclarados tus propósitos,
abandonas la barra.

Se asoma un vacío infinito,
y muestras reticencia a palparla.
Seguramente esté fría,
sentirás que conduce
soledad y desesperación.

La fricción con la palma
es el primer paso.
No la quites:
notarás el calor labrado
por el tiempo,
los pilares sosteniendo
años de esfuerzo,
la esperanza soterrada
tras el vuelo.

La altura
y el miedo amainarán
al aferrarte,
cierra el puño con rabia
y, alrededor,
abraza los caminos
sembrados de esperanza.

VÍNCULOS

Quedó atrás
el reproche sepultado con el tiempo,
el cráter del ojo anegado por lágrimas cansadas,
el tono estridente e ininteligible de las inocentes palabras,
el resuello sordo del aire, que por fin respira aliviado por el viento.

Y de pronto,
suave vuelve el olor de la infancia
una vez aliviada la tensión del tormento.
Escuchan atentos sus pensamientos,
abrazadas las amables palabras
por oídos antes sordos y despiadados.

Florecieron las raíces hacia el sol,
brotaron enérgicas de la tierra oscura
hasta que entre ellas se anudaron,
reforzando el vínculo entre tres pilares,
una unión fielmente eterna.

Porque esta raíz solitaria con sus grandes ojos,
ojos como dos charcos de luna,
percibe el engaño de su verdad
y los revuelca en la tierra viva alterando sus sentidos
hasta que el final ordene cerrarlos para siempre.

AMISTAD

El cuadro,
la foto,
tu cara de cuando eras joven
es cándida.
Descansa en el mismo sitio,
en la misma posición,
no importa el paso del tiempo,
no pierde la expresión.

Tu mirada ajena y aislada
se pierde en aquellos lúcidos ojos
por la nostalgia del pasado.
Ojos inocentes que devuelven
la cruda y genuina realidad
de miradas que hacen despertar.

Conserva bien ese cuadro,
la foto,
tu cara de cuando eras joven,
porque sabrá agradecértelo,
porque el tiempo pasa
y sigue igual,
porque no sabes cuándo
la necesitarás,
por el brillo del mañana
o el silencio del ayer,
que, aunque esté lejos,
perdido en el tuerto
e inseguro olvido,
siempre te estará esperando.

NACIONALISMO Y MUERTE

Madruga la patria al alba,
luciendo en su bandera enarbolada
los restos desteñidos de sangre,
sangre omnipresente, percibida
desde cualquier punto o recoveco,
que destella como el sol que nos
alumbra y cobija.

Tañen las campanas silenciando
el canto de los gallos,
como muestra de poder y presencia,
como esa sombra persistente que
vigila, envuelve y ahoga
en la profunda oscuridad.

Para muchos es el elixir mañanero,
alimento y menester del corazón
sediento de venganza.
Venganza educada desde el lecho,
que cruza el umbral de casa
y crece junto a otras llamas,
desatando pasiones descontroladas
por una inquebrantable justicia moral,
justificada por un afán de superioridad
que nubla y destruye cualquier
haz de razón.

Y, mientras, el rey sacia su sed
con un buen vino,
a diferencia de quien tragó
su propia sangre
siendo objeto del destino.

A media tarde gritos de revolución
inyectan sangre fresca y renovada,
mientras los débiles huyen despavoridos
o se esconden en la penumbra,
gangrenados sus órganos tras una
purga que dicta sentencia.

La noche limita la visión,
pero el nacionalismo incansable
ciega los sentidos,
dibujando ilusiones irracionales
que se esgrimen con decisiones puntuales
en el tiempo,
tiempo que se lleva generaciones,
pero no elimina sus cicatrices:
quilates de cobre
que pesan un quintal.

Así es el peso de la historia,
del fracaso y de la gloria.

«Marchen en su camino, condenados,
presos de vuestro amor incondicionado».

Esperanza

Cuando la rabia consuma
como madera que arde
en una playa desierta
por un fuego implacable.

Cuando recuerdos impulsen
el caudal de tus lágrimas,
y rebosen los límites
del dolor en tu ánima.

Cuando ría el necio
y la historia sea olvidada,
masca la furia en silencio,
enjuicia con la mirada.

Se fueron nombres propios:
hogares, familias y negocios,
calados por la lluvia
en el corazón de todos.

Mordidas, incisiones, cicatrices.
Marcas y huellas necesarias,
preservando así la esperanza
libre de odio y de rabia.

ALZHÉIMER

La percepción humana es frágil,
como los recuerdos puros y sinceros
que van labrando tu identidad
con cada paso en el camino.

Aparentas comprender la realidad,
oculto tu secreto más oscuro,
aunque evidente se muestre la verdad
incapaz de derribar este muro.

Tus sentidos parecen intactos
aunque tu tacto no se sienta igual
y tu sonrisa encubra tu dolor,
sin saber que ya no estás.

Yo te devuelvo la sonrisa
aunque se note igual de forzada,
pues lloran por ti desconsoladas
las palabras que jamás recordarás.

No sé quién eres,
sí a quién te pareces.
Vives, mas prefiero no verte
tras transparentar tu rostro perdido
la desolada imagen de tu alma vacía.

SUEÑO O REALIDAD

Deambulando por las calles
de la antigua Palmira
halló errante el campesino
una imagen perdida.

Se agachó a recogerla
y en ella contempló
a dos zagales charlando
con miradas de emoción.

Curiosa ella se inclinaba
describiendo sus placeres.
Él, muy suelto, le contaba
la extensión de sus bienes.

Se levantó el campesino,
dolorido en su condición,
que los años van pesando
a su exhausto corazón.

¿Qué sería de aquellos,
vencería el amor?
Esto se preguntaba
nuestro tierno labrador.

Al cabo de unos meses
la imagen regresó,
y al fondo un espejo
escondido apareció.

La mujer se reflejaba,
manifiesta su intención,
de una bruja se trataba
traicionando aquel amor.

Intrigado se quedó
el curioso campesino;
averiguar el final
del misterioso destino.

Sin ninguna esperanza
la imagen agarró,
y frente la chimenea,
conmovido, musitó:

«el tiempo se me escapó,
¿qué fue de aquel amor?»

El grito del silencio
ahogado se halló,
avivando la llama
del que fue su único amor.

EPITAFIO

Parece mentira que desde las alturas
pierda la noción de mi existencia.
Se me embotan los sentidos
con el ascender de mi cuerpo,
donde quizás descansen los olvidados,
o puede que me dirija hacia una penumbra
completamente distinta.

Parece mentira que no me vengan las palabras,
a mí que me deberían llegar.
Pero andan arrestadas por las tuyas,
impidiendo articular motivo o perdón
alguno por mi silencio.

Tanto tiempo perdido mirando al horizonte,
contando los sueños aún por cumplir
y la lista no se acaba;
porque no solo incluye los míos,
sino también los de quienes me han acompañado
en esta escueta y triste aventura.
Parece mentira que ya me vaya a despedir,
con todo lo que se deslumbra a mis pies.
Muere el sol de espaldas a donde
contemplo el paisaje,
y me incita con su hábil indiferencia
a apurarme con este papel en blanco.

Parece mentira que tenga algo que decir,
si ya lo he dicho yo todo,
si tan solo me queda ya percibir
con estos grises y viejos ojos.

Porque no me acuerdo ya de mi pasado,
ni tampoco conozco el tuyo;
me buscan desde hace tiempo,
pero no saben que ya perdí interés:
es lo que tiene la vejez.

Quiero recordar que amé,
que amé más que odié.
Me gustaría recordar eso.

La virgen me vigila desde el costado,
parece estar juzgándome,
aunque confío en que sea
desde su prominente misericordia.

Parece mentira que las montañas
se vayan apagando lentas,
y que me transmitan con la mirada
que ya no volverán más.
Mas yo sonrío al ver cómo me engañan,
pues puedo estar vacío por dentro
pero no soy ignorante.
Pues mi único consuelo es saber
que no estorbo a nadie
—o al menos eso creo—,
mientras mi corazón
madure hasta la extenuación
estas ganas de acabar
con lo que quiero decir.

El silencio me confirma
que amé más que odié,
y mis ojos barridos por la tierra
no distinguen ya más las montañas,
y hasta entonces no sabía que la tierra
era negra como el azabache.
Fiel a mi única petición,
aprendí algo antes de despedirme.

Abro los ojos y no veo nada.

Parece mentira que me vaya a morir.

INFIMUM

Me rodea un vacío inusual
cuando aparece un oscuro sendero
que alumbra mi inevitable soledad.

Avanzo por el lúgubre camino
mientras brilla el horizonte incierto,
exhibiendo con todo su esplendor
la realidad que esconden sus secretos.

Te enfrentas a la angustiosa verdad
reflejada con el robo de tu pasado,
mientras se desvanece tu deidad
diluyendo el llanto que jamás escucharás.

Respiras, sosiegas, palpitas
ese amor hacia la vida,
aunque callas para ti el miedo de vivirla.

ÍNDICE